A KRIPTOVALUTA BEFEKTETÉS KÖVETKEZŐ SZINTJE

Fejlett Stratégiák A Gazdagság Építéséhez Bitcoin és Kriptovaluták Segítségével

WAYNE WALKER

TARTALOMJEGYZÉK

KRIPTOVALUTÁK (A BITCOIN MELLETT): MIT CSINÁLNAK?

Sok embertől, új hallgatóktól és másoktól, akik még mindig ámulatba esnek a sok kriptovalutával tapasztalt elképesztő ármozgástól, az egyetlen kérdés, amelyet leginkább kapok, az a „mit csinálnak?" A bitcoin természetesen reflektorfényben úszik, de a többi kripto kevésbé nyereményes a legtöbb emberben. Vessünk egy pillantást a népszerűbb érmékre, majd nézzük meg a piaci mozgásokat.

Ethereum (ETH) – Programozható szerződések

Bitcoin (BTC) – Pénzmozgás, tranzakciók kiegyenlítése, digitális eszköz

Dash (DASH) – A legfontosabb jellemző az adatvédelem

Monero (XMR) – Privát digitális készpénz

Litecoin (LTC) – Hasonló a Bitcoinhoz, de gyorsabb

Ripple (XRP) – Vállalati fizetési hálózat

NEO (NEO) – Ethereum a kínai piac számára

Miért Értékeltek Ennyire?

Azon kívül, hogy milyen célt szolgálnak a kriptovaluták, a következő forró téma a piaci mozgásokról szól. A történet, amelyet gyakran megosztok az osztályban, arról szól, amikor 2017 májusában New Yorkba utaztam egy munkahelyi vakációra. Akkor a Bitcoin valamivel több, mint 2.200 dolláron forgott, majd augusztusban visszatértem Európába, és 4.000 dollár felett volt. Mi volt alapvetően más a Bitcoin esetében augusztusban, hogy majdnem megduplázódott az ár? Alapvetően nem sok, a Bitcoin és a kriptovaluták az őket támogató rendszerekbe vetett bizalomra épülnek. Ezt szem előtt tartva, a Bitcoin 19.000 dollár feletti emelkedése és az altcoinok szemet gyönyörködtető nyereséget produkálnak mindenki számára, aki határt szab az „ésszerű"-nek, nyilvánvalóan vágyálomba merül. Itt nincs egzakt tudomány vagy logika.

Hogyan Kell Velük Kereskedni

A tőkepiacokon, konkrétan a forexen szerzett hátterem és tudásom alapján sok érme szélsőségesen túlvásárolt. A különböző elemzőktől olvasott néhány jelentés szerint a Bitcoin továbbra is hatalmas nyereséget fog elérni. Már nem igazán tudok rajtuk nevetni, vagy az összes korábbi tudásomat alkalmazni. Amit fel lehet használni, és ezt erősen javaslom mindenkinek, aki bármilyen eszközzel kereskedik, az az, hogy „átélhetővé tegyük a kudarcot". Nem az én idézetem, ugyanis a mérnökök és a startupokkal foglalkozó emberek jól ismerik. Fektessen be vagy kereskedjen kockázati tőkével több olyan érmére, amelyek elegendő mennyiséggel rendelkeznek ahhoz, hogy viszonylag könnyen be- és kiléphessen. Tudom, hogy sok nézet létezik arról, hogy mi a megfelelő mennyiség, de legalább 1.000.000 pluszt kell látnom. Végülis a befektetései vagy kereskedése fedezeteként a kriptot is fontolóra veheti. Megfelelnek, mert eszközosztályként nem állnak összefüggésben más eszközökkel, mint például részvényekkel vagy árukkal. A későbbi fejezetekben mélyebben megvizsgáljuk a kriptokereskedelem legjobb kereskedési gyakorlatait.

A NAGY FELHAJTÁS UTÁN MI LEGYEN VALÓJÁBAN A KRIPTO PORTFÓLIÓJÁBAN?

ég az alkalmi szemlélő számára is 2017 ősze és 2018 első két negyedéve vad menet volt a kriptovaluták világában. Egyelőre úgy tűnik, mint ahogyan azt a weben található cikkekben írtam, a felhajtás részben alábbhagy, és folytathatjuk a valódi kriptokereskedést és befektetést. Igazából sok minden valóra vált abból, amit írtam (kevesebb hype, több szabályozás).

Azt, hogy a felhajtás nyaral nem „én megmondtam" hozzáállással írom, hanem azét, mert a felhajtás "nyaralása" a kriptovaluták javát szolgálja hosszú távon. Tisztában vagyok vele, hogy sok ember megégette magát, és a számláik is megsinylettek. Hogy őszinte legyek, néhányan fel is adták a kriptót úgy ahogy van. A távozó kripto kereskedők többsége nem voltak hajlandóa képzést vagy szakképzett tanácsot kérni, mielőtt belevetették magukat az egész kereskedésbe. Más könyveimben hangsúlyoztam a diverzifikáció fontosságát. Fontos fogalom minden eszközosztálynál, de a kriptó eszközöknél a jóból KÖTELEZŐBE megy át. Ez a diverzifikációs koncepció nem varázslat vagy valami hadi titok. Az alapvető kereskedési elvek ismerete és a technikai elemzés sokaknak segített volna stratégiájukban, és különösen a gondolkodásmódjukban.

A Valóság

A tény az, hogy a Bitcoinnál tapasztalt volatilitás régebben súlyosabb volt. A kriptó, mint minden más piac ugyanúgy zuhanhat, ami egyesek számára újdonságnak tűnt. Amikor a Bitcoinnal 10.000 dollárról több mint 19.000 dollárra gyorsabban futottunk, amit még a legnagyobb rajongó sem tudott volna képzelni, a hátránya feledésbe merült. A felhajtás csökkenése hozzájárult a piac éréséhez, és arra is kényszerítette a kereskedőket, hogy stratégiai pillantást vessenek az ágazatra. Egy másik plusz, hogy a Bitcoin értékesítésével több altcoin is a rivaldafénybe került, mint például a Stellar.

A Portfolió

Amit én fontolóra vennék egy 2018-as és az azt követő portfólióba:

Bitcoin, Ethereum, Ripple, Cardano, Stellar, NEO, Litecoin, EOS és Nem. Azért választottam őket, mert a befektetőknek vagy kereskedőknek változatos kriptoportfólióval kell rendelkezniük, és csak jó likviditásúakkal kell kereskedniük (kriptoszabványok szerint). A kiválasztottak mindegyike a legjobb 15-ben van a piaci kapitalizációt tekintve.

Mind az új, mind a tapasztaltabb kripto-rajongónak tisztában kell lennie az egyedi érme egyedi jellemzőivel. Minden kriptoeszköznek megvannak a maga sajátosságai a piaci viselkedés szempontjából. Azt is láttuk, hogy az altcoinoknak megvannak a saját ármozgási történeteik. Nem olyan egyszerű azt mondani, mint ahogy ezt korábban mondtuk, hogy bármit is csinál az Ethereum vagy a Bitcoin a piacon, a többi érme hasonló ármozgással reagál. Például a Bitcoin csökkenése sok altcoin esetében nem vezetett egyenértékű csökkenéshez. Épp ellenkezőleg, több értéke megnőtt.

ICO

Az általam javasolt érmék listáján kívül helyet kaphat egy-két spekulatív ICO is. Ezt annak tudatában vesszük figyelembe, hogy sok, de NEM az összes csalás. Miután kiválasztotta a kriptóit, a portfólió további diverzifikálása érdekében több szektor közül kell variálni. A befektetők többsége figyelmen kívül hagyja ezt a fontos részletet a portfólió összeállítása során.

EMELJE A KRIPTOPORTFÓLIÓ DIVERZIFIKÁCIÓJÁT A KÖVETKEZŐ SZINTRE

A komoly befektetők általában azon a véleményen vannak, hogy a diverzitás kívánatos egy portfólióban. Függetlenül attól, hogy biztonságos államkötvényekkel kereskedünk vagy volatilis kriptovalutákkal, a sokféleséggel mindannyian egyetértünk. Ez különösen igaz, ha köztudott, hogy nagyjából 1.000 személy birtokolja a Bitcoin piac 40 százalékát, az úgynevezett „Bitcoin bálnák". A bálnák egyébként más érmékben is mozognak.

A következőkben kibővítem a koncepciót, és többet fogok megosztani azon stratégiák közül, amelyeket a nagy nettó értékű kriptobefektetők használnak portfóliójukkal. Amint azt néhány cikkemben kifejtettem, törekednie kell egy kripto-keveréket tartalmazó portfólióra, hogy elkerülje azt az őrületet, hogy minden pénze Bitcoinban vagy Ethereumban legyen. Az első lépés a diverzifikáció észrevehető növelése érdekében az, hogy ágazatonként diverzifikáljon, mint az érme jellemzője és/vagy fő célja.

Kripto Diverzitás Ágazatonként

Valamennyi szektor: Tokenek, Hagyományos, Okos Szerződések, Elszámolási Hálózatok, Adatvédelem, Átfedési Szolgáltatás. A felsorolt javaslatok csak javaslatok. Ez nyilván nem meríti ki a szektorok érméinek összességét. A lista azonban jó kiindulópont a portfólió összeállításakor.

<u>Szektorok és lehetséges érmék</u>

Tokenek: Stratus, EOS

Okos Szerződések: NEO, Ethereum, Cardano

Adatvédelem: Monero, Dash, Zcoin

Hagyományos: Litecoin, IOTA, NEM

Átfedési Szolgáltatás: Stellar, Ripple

Kripto sokszínűség a tőzsdéken

A kockázatkezelési folyamat során gyakran figyelmen kívül hagyják a tőzsdék sokféleségét. Ez különösen 2017-ben volt fájdalmas, amikor a legismertebb keleti és nyugati tőzsdék közül többnél is problémák merültek fel a piaci rohanásnál. Ezek a problémák a következő formában jelentkeztek: a szerverek túlterheltek, a webhelyek leálltak, és sokak számára a legfájdalmasabb az volt, hogy nem tudták elvenni a nyereséget. Ez egy 24 órás piac, és a sokat érő pillanat bármikor bekövetkezhet, ezért a végrehajtási képesség a legfontosabb. A folyamatot azzal kezdi, hogy gondosan választ a különböző tényezők alapján, beleértve: szabályozott-e vagy sem, az ország, banki átutalások sebessége, piaci hírnév stb.

Az ELŐNY MEGHOSSZABBÍTÁSA

Csak a tőzsdei lépések sokféleségének beépítésével sok befektetőnél egyértelmű előnyhöz juthat. Az előny meghosszabbítása érdekében a következő lépésben meg kell állapítani a portfólió minden szektorának vagy érmének értékét. Például, ha 4 érme van egy szektorban, akkor mindegyike a pénz 25% -át éri el, vagy ha 4 szektor van, akkor mindegyik eléri a 25% -ot? A végső összetétel számos tényezőt vesz figyelembe, például az Ön kockázati toleranciáját, más eszközosztályokkal szembeni kitettségét és a számlája nagyságát. Az ilyen dolgokon dolgozom az ügyfeleimmel, hogy segítsek nekik.

Ezután folytassa a folyamatot, és nézze meg, hogy a tőke hány százaléka áll rendelkezésre a tőzsdéken. A kriptopiac továbbra is többnyire szabályozatlan, ha az Ön tőzsdéje csődbe megy, nagyon kevés segítséget kaphat bármely kormánytól, ezért kockázatkezelésének elengedhetetlen része, hogy tisztában legyen azzal, hogy tőkéjének hány százaléka szerepel egy-egy tőzsdén.

ICO-K ÁTTEKINTÉSE: MI A JÓ ÉS MIRE KELL FIGYELNI

Egy friss felmérés szerint az amerikai felnőttek többsége nem tudta, mi az az ICO. Az Initial Coin Offering (ICO) hasonló az Első Nyilvános Ajánlattételhez (IPO). Az IPO során a befektetőket arra kérik, hogy vásárolják meg a cég részvényeit a cég tőkeemelési ajánlataként. Az ICO-knál azonban a befektetők megvásárolják a mögöttes kripto tokeneket Bitcoinért vagy Etherért cserébe.

Az első ICO a Mastercoin Project volt 2013-ban J R Willettől. 500.000 dollárt gyűjtött össze 5.000 Bitcoin formájában. A befektetők Mastercoinokat vásároltak Bitcoinokért cserébe. A MasterCoin által 2013-ban felvett 5.000 bitcoin 2018 júniusában körülbelül 41 millió dollár volt.

Forró és Kockázatos

Az ICO-k a kripto-univerzum forró és kockázatos szektora voltak és maradnak. Amint azt a második fejezetben említettük, óvatosnak kell lenni velük. A dot-com buborékhoz (1997-2001) voltak összehasonlítások, de az embereknek azt is szem előtt kell tartaniuk, hogy a dot-com buborékok lehetőséget biztosítottak olyan megavállalatok számára, mint az Ebay és a Google, hogy terjeszkedjenek.

Szükséges Válaszok

Tájékozott befektetőként meg kell vizsgálnia, hogy a projekt valóban blokklánc-technológiát igényel-e. Megvalósítható-e az ICO projekt anélkül, hogy egy blokklánc része lenne? Ha igen, akkor ez az ICO csak egy kísérlet az ICO-trendbe való beilleszkedésre.

Néhány további kérdés, amelyet minden ICO-nak meg kell válaszolnia: Mi az érme értelme? Milyen problémát old meg? Valóban probléma? Azt is ellenőriznie kell, hogy a megoldani kívánt problémát már nem oldotta meg egy másik érme. Ennek az az oka, hogy amikor átolvas néhány fehér papírt, gyorsan rájön, hogy egy másik érme klónjával van dolgunk.

ICO CSALÓK LEBUKTATÁSA!

Valamennyi legjobb figyelmeztető jel, amely arra utal, hogy csalókkal áll szemben

- Nehéz elérni őket. A telefonszámukat egyszerű internetes kereséssel nem lehet megtalálni
- A fehér papír általában rövid (10 oldal alatti), tele alapvető nyelvtani vagy helyesírási hibákkal
- A weboldal minősége alacsony, vagy valamilyen ingyenes szolgáltatást vettek igénybe az elkészítéséhez
- A „rólunk" és a regisztrációs adataik kérdésesek vagy hiányoznak

- A vezérigazgató vagy a tanácsadók nem találhatók a LinkedInen vagy más szakmai csatornákon

Legyen óvatos az ICO-kat áttekintő webhelyekkel

Az ICO-k többsége nem szabályozott, ami sok embert arra késztet, hogy az ICO-t értékelő oldalakat másodlagos véleményre kérje. A tapasztalatlan befektetők különösen bíznak az ICO minősítő platformokban, amikor információkat keresnek. Az ellenőrző platformok mindig is gyanúsak voltak a szakértők körében, mert könnyű ICO minősítést vásárolni. Alapvetően a megadott minősítések nem mindig függetlenek.

„ICO minősítések a szakértőktől" – ezt hirdethetik egyes ICO-minősítő platformok a webhelyükön, hogy elnyerjék az információkat kereső befektetők bizalmát. Szép állítás, de a weboldalak vizsgálata azt mutatta, hogy az ICO értékelései és láthatósága nem mindig pártatlan. Az eredmények ijesztőek, fizetni kell a játékért! Sok platform nem más, mint marketingwebhely, amelyek azoknak árulnak, akik hajlandóak fizetni. Gyakran kínálnak elsőbbségi listázási szolgáltatásokat fizetés ellenében. A lényeg, hogy úgy olvassa el a véleményeket, hogy azokat megvásárolták.

CSAPDÁK, AMELYEKET EL KELL KERÜLNI AZ ÁTÁLLÁS SORÁN

A Forextől A Kriptovaluta Kereskedésig

Sok kereskedő számára kihívást jelent a sikeres átállás a forexről a kriptovalutára. A megosztások nagy része leginkább a kriptovalutákra való átállással kapcsolatos tapasztalataimon alapul. Ezért semmiképpen sem tekinthető egyetlen útnak.

Az első dolog, amit tudnia kell, az az, hogy sok mindent, amit a kereskedési spot forexről tud az a kriptovalutára is felhasználható, de van néhány lényeges különbség. Ha figyelmen kívül hagyja ezeket a különbségeket, az evégzetes lehet a számlája számára.

A legfontosabb tény, amellyel a forex kereskedőknek meg kell egyezniük, az az, hogy nem olyan fiat valutákkal foglalkoznak, mint az euró vagy az amerikai dollár. A kriptovaluták egyetlen országban sem számítanak törvényes fizetőeszköznek, nem a hagyományos értelemben vett valuták. Másképpen fogalmazva, ha elmegy a helyi kávézóba, nem kötelesek elfogadni a Bitcoint mint fizetési eszköz. Nos, ha a kávézó Madridban lenne, és Önnek eurója lenne, akkor el kellene fogadniuk, mert Spanyolországban az euró törvényes fizetőeszköz. A kripto a kormányok szabályozási szeszélyeinek is ki van téve. Egy ország csekély figyelmeztetés nélkül betilthat egy kriptot vagy egy kriptotőzsdét. Ez viszont nem mindennapi kockázat a fiat devizáknál. Rendkívül valószínűtlen, hogy holnap a következő címre fog ébredni: „Az amerikai dollár kereskedést betiltották az Egyesült Államokban" vagy „New York állam törvénytelennek nyilvánította a lakosok számára az NYSE-n való kereskedést".

A másik kérdés, amivel foglalkozunk, a technológia. A kriptot lehet programozni, és nem tudok semmilyen programozható fiatról. Azt is felfedeztük több kripto esetében, hogy nem tudták teljesíteni a kinyilvánított vagy ígért képességeiket. Ez még azokat az eseteket sem tartalmazza, amikor nyílt csalás történt.

A Hírkereskedés Új Szabályai

A devizagazdasági hírkereskedés szokásos stratégiái közvetlenül nem érvényesülnek. Például egy nem mezőgazdasági bérszámfejtés állásjelentése vagy a Bank of England kamatláb-bejelentése alig vagy egyáltalán nem befolyásolja a Litecoint. A hírekre adott reakciók kezelésében szerzett tapasztalatai azonban alkalmazhatók a kriptokártyákra is, például sok devizakereskedő számára ismerős fogalom a piaci túlreagálás a hírekre. A hírekre való túlreagálás szinte klisé a kriptovaluta kereskedésben, mert a legtöbb kereskedő egyrészt új, másrészt nem ismeri a piaci volatilitást. Ezen túlmenően az őrület gondolatbénító szintjei vannak, amitől felkapom a fejem, amikor olyan emberek történeteit hallom, akik maximalizták a hitelkártyákat, hogy bitcoinokat vásároljanak. Ha ilyen helyzetben lennék, azt hiszem, én is túlreagálnám.

Technikai elemzés 25.000%-os megtérüléssel

A technikai elemzés terén sok hasznos dolog van, amit a támogatásról és az ellenállásról tudnia kell. Az újdonság az, hogy fel kell függesztenie a támogatási/ellenállási szintek szigorú értelmezését. Vannak olyan kriptokódok, amelyek havonta könnyen 100%-ot tudnak ugrani, és sok technikai mutató esetén ez nagymértékben túlvásároltnak tekinthető, azonban a kriptokódoknál bizonyos mértékig szükség van a hitetlenség felfüggesztésére. Néhány bizonyíték, a Pantera Bitcoin Fund 25.000% feletti hozamot hozott (2013-ban indult), vagy a Ripple 35.000% hozamot 2017-ben. Nem elírás, ugyanis egy egyszerű Google-kereséssel mindkettő könnyen ellenőrizhető. Az ilyen mozgások kezelésének legjobb módja, ha tudomásul veszi, hogy ami történik, nem kellene, de mégis történik. Ahogy korábban is írtam, egy új kripto-univerzumban vagyunk, amely napról napra bővül és változik. Ami ma legális, az holnap hirtelen illegális lehet. Amit reggel olvastál és igaznak feltételeztél, az ebédre „álhírnek" válhat.

A bitcoin és általában véve a kripto bálnái nagy cápák. Mint korábban említettük, a piac többé-kevésbé 40 százalékát irányítják. Ilyen más eszközosztályban is hallatlan. Ezek a bálnák hangulatuktól függően tönkretehetik a hetekig tartó gondosan megtervezett elemzést és stratégiát.

Az intézményi piaci szereplők, például a Goldman Sachs és mások belépése „okos" pénzt, de különösen likviditást hoz a piacra. Amikor hatalmas tőkével lépnek a piacra, ez azt jelzi a többi piaci szereplőnek, hogy a kriptovalutákat komolyan kell venni. Összességében ez jobb a kereskedők számára, mivel segíti a piac érését, valamint a többi említett előnyt.

A New York-i Értéktőzsde (NYSE) 2018 elején jelezte, hogy egy olyan platform bevezetését vizsgálják, amely lehetővé teszi az intézményi ügyfelek számára a Bitcoinok kereskedelmét és tárolását. Ez a hír önmagában is jelezheti és alapját képezheti a Bitcoin és általában a kripto további felértékelődését hosszú távon.

A Purista Halála

Alapvető vagy technikai elemzések puristájaként a számla alulteljesít. Ezért robusztus kockázatkezelési stratégiára lesz szüksége, amely számos olyan eszközt használ, amelyeket ismernie kell. A kockázatot úgy kezelheti, hogy az alapszabályomat követi, ami azt jelenti, hogy csak annyival játszik, amit megengedhet magának, hogy elveszítsen. Innentől változatos kriptoportfóliót ad hozzá, és csak olyanokkal kereskedik, amelyek jó likviditással rendelkeznek.

KRIPTO KERESKEDÉS: ELÖLJÁRÓ ÉS ÁRKÉPZÉS

A tőzsdék kezelése a kereskedés részét képezi, és a kriptók esetében vannak olyan problémák, amelyekről sok befektető nem tud. Pozitívum, hogy a 24/7 piacon bármikor kereskedhet, amikor csak akar. A kellemetlen valóság az, hogy a tőzsdék a front-running technikát használják a kereskedéseire. A front-running az, amikor egy bróker az ügyfeleit megelőzve lép be kereskedni, általában egy nagy kereskedés előtt, amely valószínűleg befolyásolja a kripto, részvény stb. árát. Ez etikátlan és illegális a szabályozott piacokon. A kripto világ nagy része szabályozatlan, ezért a tőzsdéknek van játékterük. Köztudott, hogy ez a gyakorlat elterjedt a piacon. Legtöbbször tisztességes méretű kereskedésekkel történik, mert több az ösztönzés, hogy profitáljon az élvonalból. Ha mikro mennyiségű bitcoinnal kereskedik, az valóban nem érintheti Önt.

Árképzés és Spreads

A másik forró téma a tőzsdéjnél az árképzés. A szabályozott tőzsdéken, például részvényekkel általában a legjobb vételi és eladási árat kapja. Ezt a kriptopiacokon sokkal nehezebb elérni, mivel a kínálat annyira képlékeny. A tényleges ár nagymértékben eltér attól a tőzsdétől, amelyet kereskedelmi partnerként használ. Az egyik fontos változó az, hogy mennyire robusztus az általuk használt megfelelő motor. A trade matching engine az elektronikus tőzsdék által használt szoftver, amely a tételeket és ajánlatokat egyezteti a kereskedések befejezéséhez. Az allokáció végrehajtásához algoritmusokat használ. Az általam tárgyalt két fő probléma mellett késleltetési problémákba is ütközhet, ha algoritmust futtat.

A spread a vételi és eladási ár közötti különbség. A kripto felárak más piacokhoz képest óriásiak. Olyan hatalmas, hogy ez volt az egyik leggyakoribb panaszterület a kriptokereskedői rendezvényen, amelyen nemrég részt vettem New Yorkban. Amint azt más piacokon is láthattuk, a felárak idővel csökkenni fognak.

Ezek egyike sem tőzsdét bíráló gyakorlat, hanem figyelmeztetés a kereskedők számára. Ez különösen fontos az új kereskedők és befektetők számára, akik gyakran nincsenek tisztában azzal, hogy mivel szembesülnek, amikor kereskednek. A tőzsdék fontos szerepet töltenek be a piacon, és ne feledje, hogy a kriptovaluta világa továbbra is viszonylag új, és van hova fejlődni.

SZÁMLÁJA BIZTONSÁGA

A kriptók esetében a biztonságért a legtöbb felelősséget Ön, az egyéni felhasználó viseli. Ha úgy dönt, hogy kereskedik, a tőzsde a saját szabályaik szerint játszik, de végül Ön a felelős. Az egyik ok, amiért a biztonság olyan nagy probléma a blokklánc tranzakciókkal kapcsolatban, az az, hogy ezek megváltoztathatatlanok, és nem törölhetők, ha már egyszer megtörténtek. Például ha tévedésből másnak küld pénzt, hacsak a másik fél nem akarja visszaküldeni, akkor elveszett összegnek tekintheti. Ez a kriptovaluták előnye és kockázata.

Miért Van Szükség Egy Egész Fejezetre a Biztonságról?

Az elmúlt néhány évben több mint 1 milliárd dollárt loptak el kriptovalutákban. A legnagyobb lopás a 2018-as Coincheckben történt, 500 millió dollár veszteséggel, a jól ismert Mt. Gox 2014 becsült vesztesége 480 millió dollár, a Parity Wallet 2017 pedig 155 millió dollárra becsült. Ez csak egy példa, és csak az _ismert_ lopásokat tüntettem fel.

Néhány Gyakori Támadási Minta

- Adathalászat: a felhasználói adatokat, beleértve a 2FA-t (kétfaktoros hitelesítés), általában egy hamis webhelyről e-mailben lopják. A részleteket később beírják a valódi oldalra, miután ellopták a hamisról.

- A key logging vírusok bejelentkezéskor követik a felhasználó bejelentkező adatait, majd feltörik a fiókot

- A másoló és beillesztő vírusok eltérítik a beillesztési funkcióját, aminek következtében pénzátutaláskor a támadó címét adja meg.

- Az ICO-webhelyeket csalók másolják és cserélik, ezért legyen különösen óvatos, ha részt vesz az ICO-kban. Ellenőrizze, hogy érvényesek-e.

Közepes és Haladó Biztonsági Gyakorlatok

- Ne kerüljön adathalászat áldozatává. Soha ne kattintson egy linkre, és ne jelentkezzen be e-mailből

- Ne használja szokásos e-mail címét kriptokereskedelmi számlájához

- Mindig minden esetben kétfaktoros hitelesítést használjon

- Kripto kereskedéshez használjon különböző e-maileket

- Használjon megbízható víruskereső szoftvert, és kerülje a megkérdőjelezhető webhelyeket, amelyek veszélyeztethetik számítógépét

- Távolítsa el a tőzsdéről azokat az érméket, amelyekkel rövid távon nem kíván kereskedni

- Használjon külön számítógépet, amelyet csak kriptokereskedelemre használ

- Minél több érmét hardveres pénztárcában tartson

- A számítógépén lévő Wallets alkalmazások jók, de készítsen biztonsági másolatot a privát kulcsokról

Cryptojacking?

Ez a kriptóval való visszaélés egyik újabb formája. Ez magába foglalja a számítógép használatát kriptovaluták bányászására a tulajdonos engedélye nélkül. Azaz a számítógépét feltörték, hogy valaki kriptobányászatán dolgozzon.

A rosszfiúk vagy lányok úgy hajtják végre a sémát, hogy a böngészőn keresztül betöltenek egy programot a számítógépére, amikor egy feltört webhelyet látogat meg. Ezután a gépe elkezdi megoldani azokat a számítási problémákat, amelyek kriptovaluta bányászat jutalmakat generálnak a kripto-fosztók számára. Mint tudni, nem osztják meg a jutalmukat.

Az Ön Védelme

Szorosan figyelje számítógépe feladatkezelőjét. Számos böngészőbővítmény segíti biztonsági erőfeszítéseit, ezek egyike a MinerBlock a Chrome webáruházból. Blokkolja a böngésző alapú kriptovaluta bányászokat.

A KORMÁNY ÁLTAL TÁMOGATOTT KRIPTOVALUTÁK ÚJ VILÁGA

Nem kellett sok idő ahhoz, hogy a kriptovaluta-láz megfertőzze a kormányokat szerte a világon. Közülük a közelmúltban többen bejelentették saját kriptovaluta kibocsátására vonatkozó szándékukat. Ez egy elképesztő fordulat azok részéről, akiknek a felszínen érdekelt lehet a kriptovaluták elterjedésének elfojtása.

Táj

Venezuela piacra dobta kriptovalutáját, amelyet az ország forrásaiból fedeznek, és ezek főleg olajból és gázból állnak. A neve Petro, és a Bitcoin néhány jellemzőjét utánozza. Venezuela, amint azt sokan tudják, gazdasági válságban szenved. Az amerikai szankciók nem segítettek a helyzeten, és Nicolás Maduro elnök meg sem próbálta eltitkolni azt a célját, hogy ez a Petro kriptovaluta új módot biztosít ezek megkerülésére.

Oroszország is bejelentette a kriptorubel bevezetésének lehetőségét. A cél Venezuela céljához hasonló, amely a jelenlegi vagy jövőbeni szankciók körüli eligazodás. Oroszország azonban nincs olyan gazdasági vészhelyzetben, mint Venezuela. Kutatásom és a hallottak szerint, ők inkább a várjunk és lássuk meg, mi lesz elven gurulnak, szemben a Venezuelában beindított valutával.

Nem szabad kihagyni, hogy még a Bank of England (BOE) is nemrég felfedte, hogy vizsgálják saját BOE által támogatott kriptoval kapcsolatos lehetőségeiket. Azt el tudom elképzelni, hogy sok más jegybank is vizsgálja saját digitális valutájának lehetőségét.

A Reakció

A kripto-univerzumban és szerintem az az általános hozzáállás, hogy ennek az előrelépésnek számos ideológiai és gyakorlati akadálya van. A legnyilvánvalóbb az, hogy ha ezek a kormányzati kripto eszközök valóban a Bitcoin vagy bármely más kriptovaluta helyettesítésére szolgálnak, akkor ellentmondanának a kriptovilág néhány központi jellemzőjének, amely az engedély nélküli és decentralizált főkönyvet tartalmazza. Az engedély nélküli különösen nem alkuképes a kriptovaluta rajongói számára. Ez önmagában összeütközésbe kerülhet a felek között, mert az egyik dolog, amit a kormányok ellenállhatatlannak találnak, az az irányítás íze. Lényegében ezekkel az államilag támogatott kriptovalutákkal digitalis álarccal játszanak a fiat valutájukkal. Nem szereti az eurót? Semmi gond, most már kriptoformátumban is elérhető. Megváltoztatták a nevet és a csomagolást, de a kormányzati irányítás DNS-e megmarad. Sokan említettek még egy nyilvánvaló dolgot, miszerint ha feltörik a rendszert (garantált, hogy folyamatos próbálkozások lesznek), ki fedezi a veszteségeket? Készen állnak-e a kormányok arra, hogy kártérítést fizessenek, amint megnyílik a Pandora állam által támogatott kriptovaluták szelencéje?

Beindítás

A Petro érme 2018 második negyedében történő piacra dobása óta a piaci szereplők Venezuelára szegezték a tekintetüket. A piaci fogadtatás eddig vegyes volt, de még korai lenne végleges ítéletet hozni. Biztos vagyok benne, hogy a hackerek is alig várták az indítást.

Azt tanácsolom a venezuelai kormánynak, hogy ha nyitottak a javaslataimra, „tegyék túlélhetővé a kudarcot". A kriptovaluta purista nézőpontjából minden központosított kriptovaluta jelmezt vesz fel, és nemkívánatos.

MIRE SZÁMÍTHATUNK A KRIPTOVALUTÁKTÓL A KÖZELJÖVŐBEN

zek szándékosan rövid távú elvárások, mert véleményem szerint a kriptoval kapcsolatos hosszú távú állítások nem állják meg a helyüket. Az elmozdulás korai szakaszában vagyunk azért, hogy a kormány által kibocsátott valutákba vetett teljes, egykoron megkérdőjelezhetetlen hitről a kriptovaluták által kínált lehetőségek felé mozduljunk el. Csakúgy, mint a fiat valuták esetében, a rendszerbe vetett hit és bizalom elengedhetetlen. A szinte hihetetlen nyereség, amelyet sok kripto tapasztalt, számos tényező keveréke, beleértve a híreket, a spekulánsokat és az egyes érmék értékajánlatát. Továbbá azt állítom, hogy a fő tényező a lakosság és az intézményfinanszírozási szektor növekvő bizalma. Például 2017-ben a francia Tobam cég elindította az első Bitcoin befektetési alapot Európában. Bízzon abban, amilyen, mert ez változhat, ezért készüljön fel! A 900%-os plusz nyereség mellett a piac könnyen ugyanolyan drámai eséseket produkálhat, ha a bizalommal kapcsolatos negatív problémák újra megjelennek a kriptovaluta ökoszisztémán belül.

Kevesebb ICO Őrület

Az ICO-őrület el fogja veszíteni az irracionális aranyláz-mentalitás egy részét, és a piac jelenlegi szereplőinek javulni fog az önrendelkezése. Az Egyesült Államokban, Európában és máshol már látjuk a szabályozó hatóságok fellépését. Az állami és a kormányzati szabályozó hatóságoknak megvannak a korlátai, hogy mit hajlandóak tolerálni. Mi is többet látunk; felkutatni, azonosítani és üldözni a hatóságok küldetését világszerte az ICO csalók ellen. Ez a legtöbb ember számára nagyszerű hír, míg a csalók nyilvánvalóan elégedetlenek.

További Szabályozások

Nemrég tudtam meg, mennyi ügynökség követeli a kriptovaluták feletti joghatóságot. Csak Egyesült Államokban ott van a Pénzügyminisztérium FinCEN-je, az Értékpapír- és Tőzsdefelügyelet, valamint az Internal Revenue Service. A történet egyre furcsább, mert még a szabályozók között sincs egyetértés abban, hogy mi is az a Bitcoin. Például az IRS tulajdonként kezeli, a Határidős Árutőzsdei Kereskedelmet Felügyelő Bizottság pedig azt mondja, hogy áru. A piaci szereplők számára ez új szintre emeli a zavart. A tágabb lakossági és intézményi piacok bizalmának növelése érdekében a zűrzavar ellenére is anövekvő piac jobb szabályozást igényel. Ennek magában kell foglalnia a kötelességszegést elkövetők gyors és határozott megbüntetését is.

A szabályozás esetében gyakran találkozhat olyan mintával, amely követi az olyan piaci innovációkat, mint a kripto. Először is megvan a vadnyugat, amit a túlszabályozás követi a közvélemény megnyugtatása érdekében. Később érvényesülnek azok, akik hideg fejjel rendelkeznek, majd következik néhány szabály visszafordulása, és végül egy működőképes egyensúly vár a végén.

A kripto Kiterjesztett Gyakorlati Alkalmazása

Az első számú, és véleményem szerint a legnagyobb mítosz a kriptokról az, hogy nincs gyakorlati alkalmazásuk. A valóság az, hogy a főbb érmék közül többnek valós alkalmazása van, és a piacon meglévő ágazatok fejlesztéséhez kapcsolódnak. Azok a régi cégek, amelyek ezt a „nincs gyakorlati alkalmazás" mítoszt terjesztik, ritkán örülnek az olyan innovációknak, amelyek nem maguktól jöttek, és gyorsan lejáratják a kihívókat.

2018 januárjában a MoneyGram pénzátutalási cég beleegyezett, hogy tesztelje a Ripple-t a tranzakciók végrehajtásának gyorsasága miatt. A Ripple-t a pénzátutalások és a nemzetközi tranzakciók felgyorsítására tervezték. Egyaránt csökkenti a pénzátutalási időt és a költségeket. Mivel ez csak egy teszt volt, meg kell várnunk a végső eredményeket, de ez egyértelműen bizonyítja, hogy léteznek valós alkalmazások.

Egy másik példa, amikor az Ethereumot ingatlantranzakció végrehajtására használták. Ezt akkor hallottuk, amikor a TechCrunch alapítója egy okos szerződéssel* vásárolt lakást Ukrajnában anélkül, hogy az országba kellett volna utaznia.

***Okos szerződések**: képes kezelni az emberek közötti megállapodásokat, végrehajtani a szerződés feltételeit, ha a kölcsönösen megállapított feltételek teljesülnek.

A Kriptovaluták nagyobb mértékű használata a Feltörekvő Piacokon

Valószínűleg látni fogjuk a kriptovaluták folyamatos terjedését a feltörekvő piacokon. Ennek az az oka, hogy a kriptot nem irányítja egyetlen ország sem, és nincsenek közvetlenül kötve egyetlen kormány törvényes fizetőeszközéhez sem. Ennek gyakorlati alkalmazása azt jelenti, hogy ha egy ingatag kormány összeomlik, egy olyan kriptovaluta értéke, mint a Bitcoin, a legtöbb esetben érintetlen marad. Ez az előny az átlagos fejlett nyugati ország számára szükségtelennek tűnhet, de instabil országokban a kripto decentralizációs funkciója nagyon is valós és gyakorlati hasznot húz.

Várom, hogy többet lássak

Amit izgatottan várok, hogy többet láthassak a közeljövőben a kripto szolgáltatások terén.

1 -A tőzsdék mind a biztonságot, mind pedig a keresleti hullámok kezelésére való képességüket javítják. Annak ellenére, hogy a kriptoval való kereskedés nem esik olyan szintű ellenőrzés alá, mint a hagyományos tőzsdék, a jövőben egyre nehezebb lesz beszélni erről a biztonsági kérdésről. Miért? A kripto-világnak elég szomorú története van a hackelésről, ugyanis milliókat loptak el. A világ egyetlen régiója sem tud ujjal mutogatni. Ez történik Keleten és Nyugaton is, nagy és kis tőzsdék esetében egyaránt. A helyi bankban lévő pénzeszközökkel ellentétben, ha számláját feltörik egy tőzsdén, nagyon kevés lehetőség van a pénzeszközök

visszaszerzésére, és jelen pillanatban nincs biztosítás. Mindenki tudja, hogy a hackerek elkötelezetten keresik a kriptovaluta számlákat, ezért növelni kell a védelmet. A belső fenyegetések újabb fejfájást okoznak, a bennfentes kereskedelemtől az alkalmazottak egyéb pénzügyi visszaéléseiig terjednek.

A szabályozott és nagyobb tőzsdék közül több is megremegett az új számlák iránti kereslet alatt a közelmúltbeli piaci robbanások során. Most átmentek a vizsgán, de vajon hányszor marad még ennyire elnéző a közvélemény vagy a hatalmon lévők?

2- 2017 őszén megjelentek a Bitcoin határidős ügyletek, és érdekes lesz látni, hogy ez hogyan fog alakulni. A közvélemény szabályozottabb piacot kér, a határidős tőzsdén a kereskedés a szabályozásról szól. Ez volt az első alkalom, hogy a Bitcoin-kereskedők fedezni tudták pozícióikat egy szabályozott piacon.

3- Több érme, ami szükségtelenné teszi a bányászokat. Jelenleg a Bitcoin-bányászat nagy részét néhány cég végzi. Nem egészséges piaci helyzet, mivel ezt a befolyást nemkívánatos módon használhatják fel.

4. Úgy tűnik, hogy a Bitcoin-tranzakciók sebességének javítása számos iparági befolyásoló figyelmét kelti fel. Még a Bitcoin-rajongóknak is problémát jelenthet a rutin tranzakciók viszonylag lassú üteme. Számos kripto eszköz is megbirkózik ezekkel a kihívásokkal, és izgatottan várom a fejleményeket.

KRIPTO KERESKEDŐ ZÓNA

Bevezetés

Ez a tartalom kifejezetten a kriptovaluta kereskedésével foglalkozik. Különösen azok számára lesz hasznos, akik nem rendelkeznek kereskedelmi háttérrel. Azok számára, akik már kereskednek, további betekintést nyújt a kriptopiacra.

BITCOIN ÉS ALTCOIN KERESKEDÉS

A kriptok volatilitást biztosítanak, kereskedőként szeretjük ezt, ez zene fülünknek. Miért? Ha kereskedik, és semmi sem történik, akkor a semmiért fizette a spread-et a brókerének. A kereskedés egy üzlet (legalábbis úgy kellene kezelnie), hogy megtérítse a tranzakció költségeit (a spread-et), amelyre szüksége van, és volatilitást szeretne.

A pletykák és a pánik fokozzák az ingadozást. Extrém hírérzékenység is előfordulhat, a napi 20%-os mozgás **nem** ritka. 2017 őszén még a kriptostandardok szerint is elképesztő volt a tapasztalt volatilitás.

Előnyök

Általában nincs minimális kereskedési méret, ellentétben a részvényekkel, árucikkekkel vagy az azonnali forex kereskedéssel. Lehetősége van short eladásra is, ezért a felfelé és lefelé irányuló piac egyaránt megfelelő. További előnye, hogy közvetlenül kereskedhet a tőzsdével, a brókerek nem kötelezőek. A nap 24 órájában kereskedhet, ami még több kereskedési órát jelent, mint az azonnali forex. Nyilvánvaló, hogy a likviditás nem egyenlő a nap folyamán, a nap egyes szakaszai likvidebbek, mint mások.

Napi kereskedés

A napi kereskedéssel csak óvatosan! Egyelőre leginkább tapasztalatlan kereskedők ellen kereskedik, de a helyzet folyamatosan változik. 2017 őszén Franciaországban elindult Európa első Bitcoin befektetési alapja. Számos olyan fedezeti és magánalapról is érkeznek jelentések, amelyek hatalmas forrásokkal készülnek a piacra lépésre.

Piaci időzítés

A Bitcoin és a kriptovaluták piacára „tökéletes időben" való bejutása irreális. Heti kétszámjegyű nyereség zajik, aminek nem kellene történnie, de mégis így van. Szigorúan technikai elemzés vagy alapismeretek használata kudarcot vall. Akkor vásároljon, amikor a pánik csökken, a Bitcoin pánik csökkenése jövedelmező és felugrás tapasztalható. A volatilitás kezelésének egyik módja, ha árriasztásokat állít be az észrevehető ármozgások esetén. Erősen javaslom, hogy fokozatosan halmozzon fel, ugyanis a kriptovaluta vagyonhoz idő kell. Amennyire csak lehetséges, hagyja figyelmen kívül a vadnyugati felhajtást. Ha a kriptopozíciód 100% fölé lép, vegyen némi nyereséget. Ha nem volt meglevő pozíciója, akkor nagyobb kitörés után felfelé vásároljon a pullbackeken. A legjobb lehetőségek a tájékozottak és a kevésbé érzelmesek számára állnak nyitva. Ez különösen egy olyan arénában igaz, ahol a kriptokereskedők nem tapasztalták meg a 40-50%-os esést.

Tőkeáttétel

Tőkeáttétel? Használja körültekintően, és csak olyan cégeknél, amelyek megbízható veszteségstoppot kínálnak. A Bitcoin és általában a kriptoeszközök olyan eszközök, amelyek egyes napokon 20-30%-ot (mindegyik irányban) mozoghatnak, így a számlája könnyen felrobbanhat. Magas tőkeáttétel mellett könnyen pénzt veszíthet. Lényeg a lényeg, maradjon a játékban, és óvatosan kezeljen minden hosszú távú shortolást... tartsa észben a Bitcoin összes „halálát".

Mielőtt ICO-kba Fektetne Be, Ne Feledje

Ne feledje, hogy az ICO-k esetében senki sem tudja biztosan, melyik fog felszállni. Ha 5-be fektet be, nagyon jó esély van arra, hogy 3-4 megbukik. De az, amelyik felszáll, 10-szer vagy annál többet ad vissza. A 10x azt jelenti, hogy ha 10 millió dollárt fektetett be, akkor eladáskor összesen 100 millió dollárt termel.

Egy kis tipp: ICO-k vagy alapvető tranzakciók esetén küldje el a fizetés töredékét az átutalások tesztelésére. Az első néhány tranzakciónál gyakoroljon 0,001-t küldeni, a Bitcoinnal 8 tizedesjegyig is mehet.

Tudnia kell, hogy a közelmúltban számos kockázati tőke által támogatott vállalkozás még nem hozta piacra termékeit. Ezenkívül a BTC és az altcoinok teljes felhasználási lehetőségeit még csak most tárják fel. Sokan jó okkal hiszik, hogy a Bitcoint értékben felülmúlja egy újabb érme. Ezt arra alapozzák, hogy a technológiában ritkán marad még 5-10 év után is domináns az első szereplő. A lényeg: a digitális valuták korai, korai napjait éljük.

KERESKEDÉSI TAKTIKÁK

Ebben a részben megvizsgáljuk a főbb okokat, amelyek miatt a kereskedők pénzt veszítenek, és ami a legfontosabb, megvizsgáljuk a megoldásokat.

Irreális Elvárások: Fontos, hogy a kereskedésbe való belépéskor, mint sok minden másnál, reális elképzelése legyen arról, hogy mit csinál. Az irreális elvárások olyan formát ölthetnek, amikor valaki egy 1.000 vagy esetleg 2.000 USD mini-kereskedésbe kezd, és egyik napról a másikra azt várja el, hogy meggazdagszik.

Akár 100 vagy 200 dollárral is kezdheti, ami rendben van. Az összeggel nincs gond, de ugyanezek a 100 vagy 200 dolláros kereskedők azt várják, hogy néhány napon belül 1.000 vagy 2.000 dollár lesz a számlájukon. Vannak olyan cégek, amelyek megemlítették vagy meg is ígérték nekik, hogy megtehetik ezt. Nem azt mondom, hogy lehetetlen, inkább azt, hogy irreális. Rendkívül fontos, hogy reálisan fogja fel a kereskedést.

Nincs Terv: Sokan azt mondják, hogy „a terv elmulasztása a kudarcot tervezi". A tervezéssel a kereskedés összhangban van az időkeretével és a várt eredményekkel. A kereskedési terv nélkülözhetetlen, mert nélküle hatalmas veszteségekre számíthat. Terv nélkül nincs értelme kereskedni.

Túl Sok Kockázat: Lehet valaki, akinek 100 dollár vagy 100.000 van a számláján. Nem az összeg a kritikus, hanem az az összeg, amelyet a rendelkezésre álló forrásokhoz képest kockáztat. Abból indul ki, hogy

„túlélhetővé teszi a kudarcot". Ez a koncepció azon az elképzelésen alapszik, hogy a veszteségei ne legyenek katasztrofálisak. Például az egyes pozíciók nem használhatják fel a rendelkezésre álló kockázati tőke 5 vagy 6%-ánál többet. Ez azt is jelenti, hogy ha tőkeáttételt használnak, az összegnek alacsonynak kell lennie.

A Kereskedés Összekeverése a Befektetéssel: Bankárként töltött éveim alatt számtalan ügyfelem volt, akiknek többször is fel kellett hívnom a figyelmet arra, hogy ne keverjék össze a kettőt. A kereskedés a rövid távú pénzszerzésről szól, ez egy jövedelemtermelő tevékenység, Ön be- és kilép a kereskedésekből. A befektetés hosszú távú, és általában legalább egy év. Előfordulhat, hogy egyes befektetési céljai a kereskedésből származnak, de ne keverje össze őket. Lehet, hogy egyesek számára alapvetőnek tűnik, de az ügyfelek globális tanácsadásával kapcsolatos tapasztalatok alapján még mindig sokan vannak, akik összekeverik a kereskedést és a befektetést.

Megoldások:

Rendben van, ha beszélünk a problémákról és kihívásokról, de nyilván szükségünk van néhány megoldásra is.

Alacsony Tőkeáttétel: A túl nagy kockázat elkerülése érdekében bevált megoldás az alacsony tőkeáttétel alkalmazása. Alacsony szinten tartja a tőkeáttételt, mert így ideje van gondolkodni, hatékonyabban reagálni, és nem annyira érzékeny a piaci változásokra.

Scaling In Scaling Out: A scaling in scaling out az egyik kedvencem. Befektetéshez és kereskedéshez is használom. A mögötte álló elmélet szerint megengedi a piacnak, hogy megmondja, melyik utat kell megtennie. Ez ilyen egyszerű. Például a technikai és alapvető elemzés elvégzése után 250 GCMS altcoint tervezek vásárolni. Hogyan kezdjem? 25 vagy 50 érmével kezdeném, és hagynám, hogy a piac megerősítse, ha jó úton járok. Ha 100 dollárért GCMS érméket vásároltam, és hirtelen 125-re ugranak érménként, akkor ez nagyszerű, mert a piac megerősíti, hogy helyesen döntöttem. Ebben a példában, ha 25 érmével kezdeném, hozzáadnék még 25 vagy 50 érmét, és addig ismételném a folyamatot, amíg el nem érem a 250 érmét.

Vannak, akik azt mondják, hogy egy kicsit veszítettem azzal, hogy 100-ról 125-re léptem, és valamennyire igaz is, de ha türelmes vagyok, akkor biztosabb is. Fordítva, a scaling out-ot figyelembe véve, képzeljük el, hogy a piac ellenem mozdult, ahelyett, hogy kezdetben 250 érme lett volna veszélyben, csak 25 lett. Nyilván van kompromisszum, de a tapasztalatok szerint ez azok javára van, akik scaling outolnak.

Egy másik példaként, tegyük fel, hogy 100 érmét vásárolt 100 dollárért, és az ára hirtelen 90-re csökken. Ahelyett, hogy mindent azonnal eladna, azt javasolnám, hogy fontolja meg, hogy csak 25-öt vagy 30-at elad, mert a visszaesés oka lehet a túlreagálás a piacon. Több dolog is beszólhat, mint például hamis szóbeszéd. Engedje meg a piacnak, hogy a helyes útra tereljen. Természetesen, ha az ár tovább esik, akkor dönthet a végső kilépés mellett, ha az meghaladja a mentális stop veszteséget.

Kereskedelmi Likvid Piacok: A likvid piacokkal való kereskedést nem tudom eléggé hangsúlyozni. Egy hosszú távú kereskedé (ultrakockázati tőkével) rendben van, feltéve ha tisztában van a kockázattal. A rendszeres kereskedéshez azonban nem a kriptopénz szabványok szerint alacsony likviditású kriptokat választom. A likviditás kereskedőként különösen kritikus, a befektető nem annyira időérzékeny, de ha olyan helyen kereskedik, ahol esetleg hirtelen lépéseket kell megtennie, akkor likvid kriptovalutákat szeretne tartani.

Legyünk tisztában a likvid szó jelentésével. Ez az a képesség, amivel könnyedén mozoghatunk a kereskedésben. Csodálatos dolog kereskedni és papíralapú nyereséget kapni. Amikor azonban a papíralapú nyereséget valóságba szeretné konvertálni, és ha ezt nem tudja megtenni, akkor ez egy rossz vicc, mert csak nézheti. Másrészt, ha veszteséges, és nem tud ebből a helyzetből kilépni, az igazi rémálom. Nem érdekel, hogy ki ad tippeket, vagy bármilyen blogot olvas, likvid kriptovalutákkal kell kereskednie, nincs más lehetőség.

Kriptopénzek Kiválasztása: Válasszon ki néhányat, és ismerje meg őket alaposan. Elképzelhető, hogy egyetlen kereskedő sem 600 különböző érmével kereskedik egyszerre. Sokan a legismertebbekkel, például Bitcoinnal, Ethereummal kezdik. Egy idő után miután kipróbálja a kereskedést, megérti, hogyan is működnek.

RAKJUK ÖSSZE A DOLGOKAT

A kereskedőknek rendelkezniük kell egy rendszerrel. Megvizsgáljuk és összekapcsoljuk a kereskedési rendszer különböző aspektusait.

Kereskedési Platform: A kereskedési platform kiválasztása azért fontos, mert ezt használja a kereskedéshez. Mivel a kereskedés online történik, elengedhetetlen, hogy a stílusának megfelelő platformot használja. Ez lehet több eszközből álló, vagy alaposabb. Ismernie kell a platform mögött álló szolgáltatót. A kriptovalutákkal lehetősége van kereskedési platformot használni, vagy közvetlenül tőzsdével kereskedni. Rendszeresen bukkannak fel új tőzsdék a piacon, és országtól függően óvatosnak kell lennie. Azt javaslom, hogy valamelyik barátjától kérjen ajánlást vagy egy megbízható tanácsadótól, aki kripróban jártas.

Célok: Célok nélkül nagyon nehéz elkezdeni a kereskedést. Az a hasonlat, amelyet a célok kapcsán hallottam és szívesen használok, az az, hogy ezek nélkül azt jelenti, mintha egy vasúti jegypénztárhoz mennék, és csak azt mondanám, hogy „kérek egy jegyet!" amire visszakárdeznék, "hová szóljon a jegy?"

A rövid távú célok lehetnek havi vagy heti profitcélok, ezek egyénre szabottak. A céloknak meg kell egyezniük a stílusával és a kereskedésre rendelkezésre álló kockázati tőke mennyiségével.

A hosszú távú célok gyakran kapcsolódnak a befektetési stratégiájához. Ezek a rövid távú céljaihoz is kapcsolódnak, mivel a hosszú távú céloknak a rövid távú profitcélokon kell alapulniuk. Egyezniük kell, mert ha a heti cél 100 dollár és a havi cél 1.000, akkor ezt az eltérést orvosolni kell.

Mentális Felkészítés: Pszichikailag készen kell állnia a kereskedésre. Ha kereskedés előtt áll, és feszült vagy ideges, akkor inkább pihenjen eg ykicsit. Meditáljon, menjen el edzeni, csináljon valami mást, de fontos, hogy addig ne kereskedjen, míg pszichésen nem áll készen.

A kereskedés során gondolkodnia kell arról, hogy ne vegye személyesen a dolgokat. Távolítsa el az érzelmeket a kereskedésből, a cél egyszerűen a pénzszerzés.

Ismerje Meg Kockázattűrő Képességét: Mennyit hajlandó kockáztatni a kereskedés során? Ne feledje a kereskedők első számú aranyszabályát: „nincs készpénz, nincs kereskedés". Nem számít, ki mit mond, ha nincs készpénz, nincs kereskedés, és ezt komolyan kell venni. Ez összefügg a kockázati tűrőképességével. Ha például 10.000 USD készpénz számlával szeretne 1%-ot kockáztatni, az összeg 100 dollár. Ez azt jelenti, hogy a kockázati tőkéje, függetlenül attól, hogy mivel kereskedik, amikor beállítja a veszteséget (mentálisan vagy platformon), nem haladhatja meg a 100 dollárt.

Végezze el a kellő átvilágítást: Egy új napra ébredt, és a számítógép be van kapcsolva, mi történt az éjszaka? Mi történt a kriptopiacokon? Tisztában kell lennie a hírekkel, amelyek egyik napról a másikra jelentek meg, és ami még fontosabb, hogyan reagáltak rá a piacok.

Néha, ami elméletben jó hír, a piacok negatív reakcióval is meglephetnek.

Hogyan válasszuk ki a belépési szintet: A belépési pontok ismerete azt jelenti, hogy jó okunk van minden végrehajtott kereskedésre. Ha nincs jó oka, azt javaslom, hogy vegye a pénzt, és utalja át egy jótékonysági szervezetnek. A belépési szint kiválasztásakor jó kockázat-nyereség arányra van szüksége, és ennek meg kell egyeznie a kockázattűrő képességével. A műszaki/alapelemzést is figyelembe veszik. A támogatási és ellenállási szintek,mind hírek, és elengedhetetlenek, mielőtt bármilyen kereskedést végrehajtana. Ha kriptoval kereskedik, tisztában kell lennie azzal, hogy hol vannak a támogatási és ellenállási határok a kereskedés időtartama alatt.

Ismerje Meg Kilépési Szintjeit: Mi a nyereségcélja, ezer dollár vagy néhányezer? Ezzel tisztában kell lennie. Amikor stoppokat állít be a veszteségek szabályozására, először meg kell győződnie arról, hogy azok megfelelnek a paramétereinek. Ugyanúgy, mint a belépő szinten, ismernie kell az alapvető elemzési, támogatási és ellenállási szinteket, valamint egy másik kereskedő aranyszabályát: „csökkentse a veszteségeit, és hagyja futni a nyereséget". Sok kereskedő azt mondja, hogy a nyereség magától jön, de gondosan figyelnie kell a veszteségeket.

Vezessen Naplót: Lehet, hogy nem mindenkinek való, de én ezt használom a kereskedéseim követésére. Több dolog is van benne benne, hogy hol léptem be a kereskedésbe, milyen kilépési szintem volt, és miért tartottam jó ötletnek a kereskedést, amikor beléptem. Idővel kialakulnak a minták, és elkezdi észlelni őket. Eltávolíthat egy nem működő mintát, vagy továbbfejlesztheti azt, amelyik működik. Ez segít a kereskedések finomhangolásában.

Tekintse Át Eredményeit: Tekintse át az adott napi nyereséget vagy veszteséget. Ez azért fontos, mert bár a kereskedés szórakoztató lehet, ez egy üzlet, és a lényeg a profit. Ha a nyereség/veszteség áttekintése során rájön, hogy ez nem az, amire számított, akkor rá kell jönnie miért. Azt is tudnia kell, mi áll a jó eredményeid mögött. Lehet, hogy ez tiszta szerencse volt, és ha ez a helyzet, akkor nagyszerű, de a szerencse általában nem fenntartható kereskedési stratégia. Azt javaslom, hogy nézze át a naplóját, amit én is gyakran teszek. Piaci hír volt? Vagy a pozíciók nagysága volt? Ezek a tényezők befolyásolhatják az eredményeket.

KRIPTOTECHNOLÓGIAI ELEMZÉSI ESZKÖZTÁR

A technikai elemzéssel történő pénzkeresés kulcsa a trend azonosítása és a vele való kereskedés. A trendek megmutatják, hogy a jövőben hová fognak az árak a legnagyobb valószínűséggel irányulni. Ha a kripto trend felfelé tart, akkor meg kell vásárolnia a kriptot, hogy pénzt keressen. Ha a kripto trend csökkenni kezd, el kell adnia a kriptot, hogy profitáljon. Ha a kripto trendje oldalra fordul, nincs egyértelmű irány, akkor vagy függő megbízásokat kell leadnia (nem kereskedéseket), vagy meg kell várnia, amíg egyértelmű felfelé vagy lefelé irányuló trend alakul ki a kereskedés előtt. Nem ajánlott felvenni a harcot a trenddel, mert ha úgy dönt, a legtöbb esetben drága élményben lesz része.

A trendek általában nem egyenesen felfelé vagy egyenesen lefelé mozognak. Általában egy ideig egy irányba mozognak, majd ideiglenesen visszavezetik (visszafordítják) az előző mozgás egy részét, mielőtt az eredeti irányba folytatnák. Minden alkalommal, amikor a kripto visszafelé és az ellenkező irányba mozog, új csúcsot vagy új mélypontot képez. A kriptóknál például új csúcsok alakulnak ki, amikor a kripto felfelé ível, majd megfordul és lejjebb kerül. Új mélypontok alakulnak ki, amikor a kripto lent mozog, majd megfordul és felfelé veszi az irányt. Ezeknek a csúcsoknak és mélypontoknak az azonosítása lehetővé teszi felismerni, hogy egy kriptoeszköz felfelé, lefelé vagy oldalirányú trendben van-e.

Felfelé ívelő trend - A felfelé ívelő piacok magasabb csúcsok és mélypontok sorozatát alkotják.

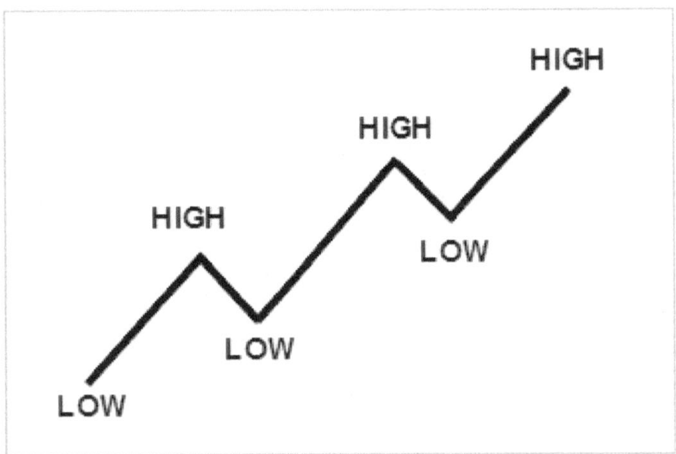

Lefelé ívelő trend – A lefelé mutató piacok alacsonyabb csúcsok és mélypontok sorozatát alkotják.

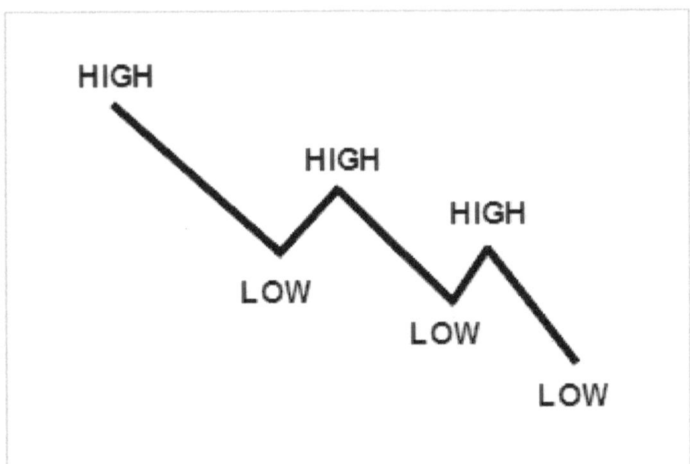

Oldalirányú trendek – Egy sor csúcsot és egy sor mélypontot alkotnak, amelyek megközelítőleg azonos árszinten vannak.

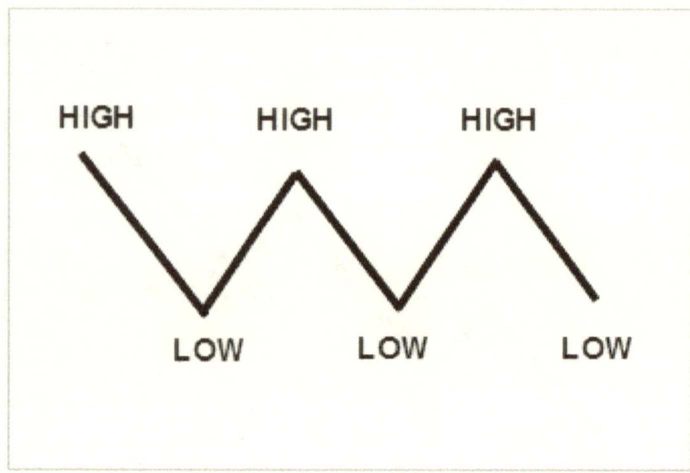

Trendek – Akár emelkedő, akár csökkenő vagy oldalirányú trendekről van szó, a trendek különböző időszakokban alakulhatnak ki. Kereskedőként elért sikere szempontjából kulcsfontosságú az egyes időkeretek különböző trendjeinek azonosítása és az elemzés során történő összehangolásuk.

A gyertyatartó diagram meghatározása

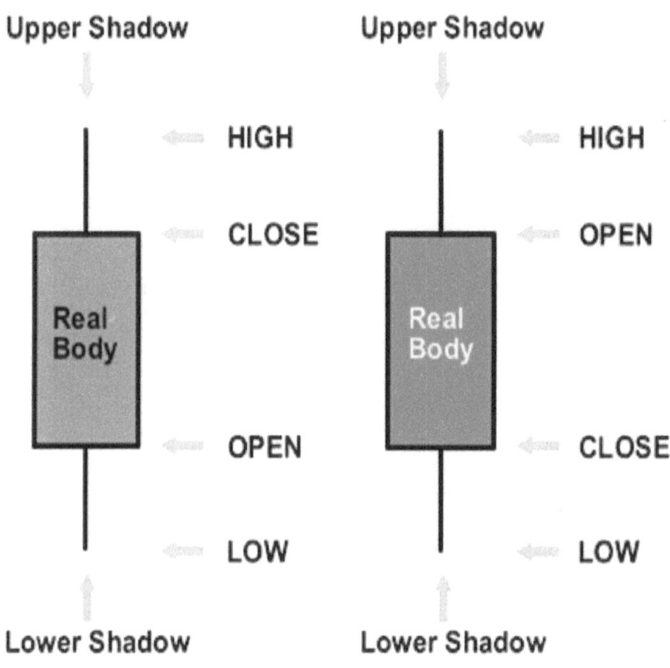

Kezdjük a gyertyatartó meghatározásával. A gyertyatartó a diagram azon vonala, amely egy pontot jelöl, és az egyes periódusok magas, alacsony, nyitott és záró pontját mutatja. Például, ha van egy napi diagramunk, minden gyertyatartó egy napot jelent, és az adott nap magas, alacsony, nyitott és zárási dátumát mutatja. Sok platformon a piros gyertyatartó azt jelenti, hogy a záró ár alacsonyabb, mint az adott időszak nyitott árfolyama. A zöld gyertyatartó azt jelenti, hogy a zárási ár magasabb, mint az adott időszak nyitott árfolyama.

TECHNIKAI ELEMZÉSI MUTATÓK

Megnézzük a Mozgó Átlagok, az RSI és a Bollinger sávok mutatóit. Az első a mozgó átlagok diagramja, ami hasznos, mert megkönnyíti a trend észlelését. Ez kulcsfontosságú a devizák, kriptovaluták vagy egyes származékos termékek esetében, ahol a felfelé és a lefelé irányuló piac is jó. Ezért nincs más dolgunk, mint azonosítani vagy észrevenni ezt a tendenciát. Szemléltetésképpen egy ötven napos mozgóátlag összeadja az elmúlt ötven nap záró árát, elosztja ötvennel, és minden naphoz egy pontot ábrázol a diagramon.

Mozgóátlag Diagram

Nézzünk meg néhány alapvető beállítást a mozgóátlag jelzővel. Ha az MA tíz, MA ötven diagramra van beállítva, akkor a tíz rövidtávú, az ötven a hosszú távú. A rövidebb mozgóátlag, ha az meghaladja a hosszabbat, a trendet felfelé tekintik. Ha a rövidebb mozgóátlag a hosszabb mozgóátlag alatt van, akkor a trendet lefelé tekintjük. A diagramon, ha azt látja, hogy a tíz az ötven alá esik, mint ebben a példában a hosszú távú, akkor ez az eladási jel kezdeti jeleként tekinthető.

A mozgóátlagok esetében a vételi és eladási jelzéseket a mozgóátlag vonal feletti vagy alatti árátlépés generálja. Van egy kifejezés, amit sokat fog hallani, ha a technikai elemzésekkel foglalkozó emeberek körében van, és ezt *aranykeresztnek* hívják, ami azt jelenti, hogy a rövidtáv megtöri a hosszú távot. A példánk tíz és ötven, de lehetett volna húsz és harminc, tizenöt és tizenhét, ez a kereskedőtől és az eszköztől függ, amellyel kereskedik.

Relatív Erőindex

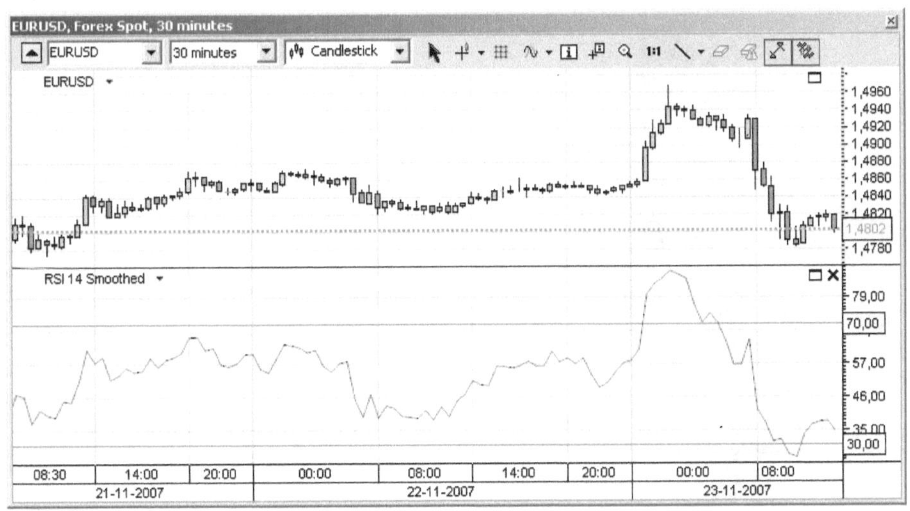

Az RSI, azaz a Relatív Erősség Indexe beazonosítja, ha a piac (részvény, valuta, kriptovaluta stb.) túlvásárolt vagy túladott. Vezető indikátornak minősül, mivel a trend kezdete előtt kezd jeleket adni. Nullától százig terjedő indexe van.

Az RSI grafikon az EURUSD diagram alatt látható. Az RSI többé-kevésbé megegyezik a diagramon történtekkel. A harminc alatti értékek azt jelzik, hogy a piac túladott, ami túlzott eladást jelent. A hetven feletti értékek arra utalnak, hogy a piac talán túlvásárolt, túlzottan felvásárolt. Ne feledje, hogy ezek a jelzések, semmire sem adnak garanciát. Megjegyzendő, hogy a piac jelentős ideig túlvásárolt vagy túlértékesített maradhat.

Bollinger Szalagok

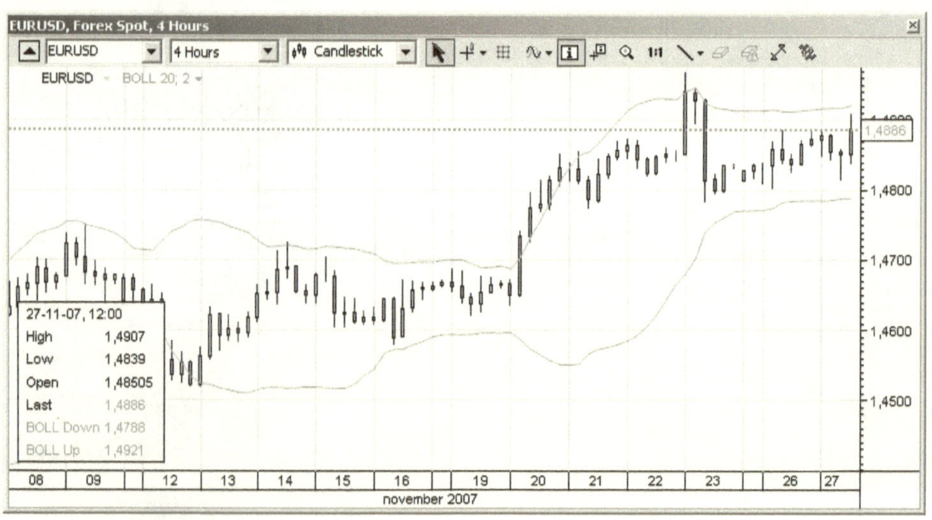

A Bollinger Szalag egy olyan indikátor, amelyet sok befektető és kereskedő használ, amikor különböző technikai elemzési szempontokat kíván hozzáadni a nyitott szakmához. A piaci volatilitás mérésére szolgálnak. A szalagok meghatározzák a kereskedési tartomány felső és alsó határát. Ha megnézi a sávokat a diagramon, akkor egy felső és egy alsó sávot lát. A felső és az alsó közötti teret vételi-eladási csatornának nevezzük. Használja a sávok közötti teret, hogy képet kapjon arról, hol van a kereskedési tartományon belül. Ha a csúcs közelében jár, akkor tudja, hogy közel jár az ellenállási szinthez, és fennáll az árfolyam megfordulásának lehetősége (a piac megfordítja az irányt). Ha alul van, akkor tudja, hogy közel jár a támogatási szinthez, egy esetleges árfordulathoz. Az árak többnyire a sávok között maradnak. Ha az ár elkezd kitörni, sok kereskedő ezt jelzésnek veszi.

A Támogatási és Ellenállási Szintek Megértése

A támogatási szint az az árszint, amelyen a forgalmazott eszköz történelmileg nehezen esett alá. Például, ha 1,4380 körüli támogatásunk van, akkor egy diagramon láthatja, hogy a piac többször is eljutott erre a szintre (1,4380), anélkül, hogy lejjebb esett volna, tehát a technikai elemzési szakzsargonban ez támogatási szintnek számítana. Az ellenállási szint ennek éppen az ellenkezője, az az árszint, amelyen az eszköz történelmileg nehezen kereskedett felette.

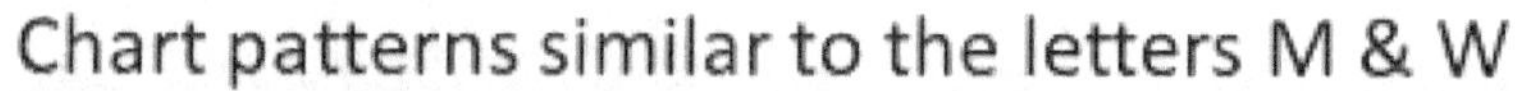

Chart patterns similar to the letters M & W

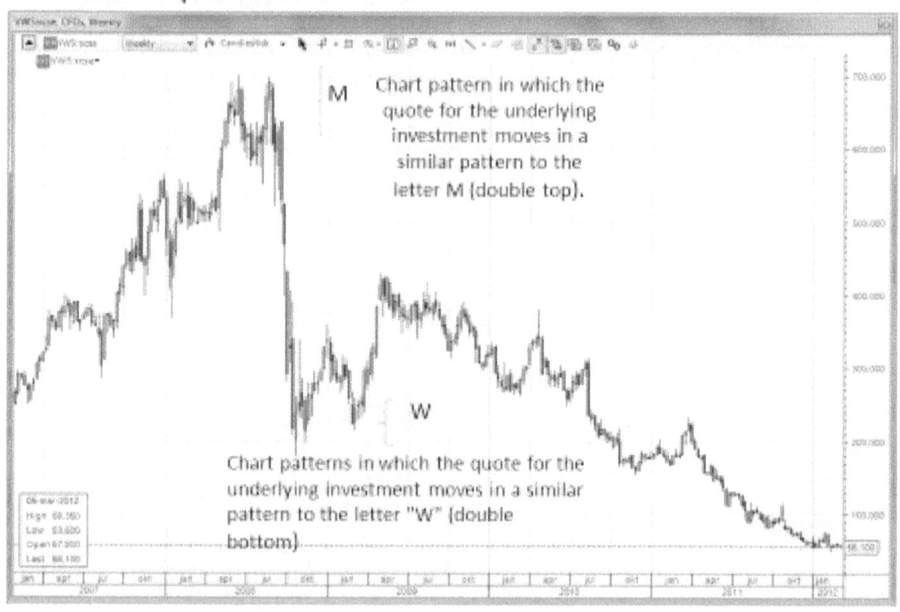

„W" Dupla Alsó Vagy „M" Dupla Felső Diagram Minták

Ezek olyan diagramminták, amelyekben az eszközre jegyzett ár a „W" (dupla alsó) vagy „M" (dupla felső) betűhöz hasonló mintázat szerint mozog. A dupla felső és alsó mintákat a technikai elemzésben használják a részvények, kriptovaluták vagy más befektetések mozgásának magyarázatára, és egy kereskedési stratégia részeként felhasználhatók az ismétlődő minták kihasználására. A dupla felső és dupla alsó egyaránt trendforduló minták.

A **dupla alsó** általában egy erős csökkenő trend után következik be, és ez azt jelzi, hogy küszöbön állhat az emelkedő trend. A „fenék" olyan völgy, amely akkor keletkezik, amikor az ár elér egy bizonyos támaszt, amit nem lehet áttörni. Miután elérte ezt a szintet, az ár kissé visszapattan róla, mielőtt visszatérne, hogy újra tesztelje a szintet. Ha az ár másodszor is visszapattan a támaszról, akkor dupla fenék formáció van. Ha a második mélypont nem tudja megtörni az első mélypontját, akkor ez erős jele annak, hogy megfog fordulni. A két 'alsó' között magason "nyakkivásgást" rajzol ki. Dupla alsóval arra gondolhat, hogy a hosszú (vételi) belépési sorrendjét a „nyakkívágás" fölé helyezze, mert arra számít, hogy a trend felfelé változik.

A **dupla felső** általában egy kiterjesztett emelkedő trend után alakul ki, és ez azt jelzi, hogy küszöbön áll a csökkenő trend. A „csúcsok" olyan csúcsok, amelyek akkor keletkeznek, amikor az árfolyam elér egy bizonyos ellenállási szintet, amelyet nem lehet megtörni. Miután elérte ezt a szintet, az ár kissé visszapattan, de aztán visszatér, hogy újra tesztelje a szintet. Ha az ár ismét leugrik a szintről, akkor dupla felső alakul ki. Ha a második csúcs nem tudja megtörni az első csúcs csúcsát, akkor ez erős jel, hogy fordulat megfog fordulni. A két „felső" között alul egy „ nyakkivásgást" rajzol ki. Dupla felső esetén érdemes lehet a rövid (eladási) belépési sorrendjét a „ nyakkívágás" alá tenni, mert arra számít, hogy a trend lefelé változik.

A KÖVETKEZŐ LÉPÉSEK

Mielőtt belemerülne, jelentkezzen egy online kurzusra. Nekem van egy a (gcmsonline.info) címen, vagy beszéljen egy megbízható tanácsadóval. Óva intem néhány online kripto fórum használatától. A legtöbb valódi felügyelet nélkül van. Nézzen meg néhányat a fő közösségi médián és a tagok néhány kérdésére adott válaszok teljesen ijesztőek.

Az elmúlt hónapok sokak bizalma megrendült a kriptopiacokkal kapcsolatban, különösen azoké, akik 2017 decemberében vásároltak, hiszen felrobbanni látták a számlájukat. Találkoztam néhány emberrel az osztályban, és megosztom veletek, amit mondtam nekik, néhány diagrammal együtt: ha hosszú távra szól, vegyen mély levegőt, és hagyja, hogy a dolgok maguktól történjenek. Sok mindent, már láttunk a kriptopiacokon.

A Bitcoin és a kriptovaluták hosszú utat tettek meg attól, amikor leginkább a bűnözőkhöz kapcsolták őket. A köztudat most már tágabban és pozitívabban áll hozzá. A Bitcoin határidős ügyleteit még a legnevesebb Wall Street-i cégek is tisztára mostak, amit korábban nem lehetett volna elképzelni. Ahhoz, hogy a fejlődés folytatódhasson, ahogy kifejtettem, kevesebb hírverésre, relevánsabb szabályozásra és nagyobb biztonságra, valamint a tőzsdék átláthatóságára van szükség. Úgy gondolom, hogy ezek a javaslatok biztosítják, hogy a kriptovaluták mint eszközosztály túllépjenek a korai alkalmazói szakaszon.

ÖSSZEFOGLALÓ

Köszönöm, hogy végigolvasta *A Kriptovaluta Befektetés Következő Szintje* című könyvet. Remélem, hogy informatív volt, és minden olyan eszközt bemutatott, amelyek segítenek elérni kereskedési vagy befektetési céljait. A következő lépésben cselekedjen. Hozzon létre egy demószámlát kedvenc kereskedési szolgáltatójánál, és tesztelje stratégiáit, amíg el nem éri azokat az eredményeket, amelyeket az élő számla megnyitása előtt látnia kell.

További könyveim, amelyekről bebizonyosodott, hogy segítik a kereskedőket és a befektetőket: *Forex Technikai Elemzése Magyarázatokkal* és *Szakértői Tanácsadó Programozás Kezdőknek: Maximális MT4 Forex Profit Stratégiák*

EGY ELŐNÉZETI BEKEZDÉS A KÖVETKEZŐ KÖNYVEMBŐL: KRIPTO ALGORITMIKUS KERESKEDÉSI ALAPISMERETEK

Az algoritmikus (algos) kereskedés jól ismert a hagyományos eszközosztályok esetében, például részvényeknél, árucikkeknél és devizával folytatott kereskedésnél, de nem annyira a kriptovalutáknál.

Azok számára, akik nem ismerik az algokat, íme egy gyors frissítő. Az algoritmus általában a következő összetevőket tartalmazza: Belépési jel, időfrekvencia, pozíció mérete, kilépési jel és egy értékelési benchmark a siker vagy a hiány mérésére. Az algoritmusok általában sok adatbányászatot is tartalmaznak, amely magában foglalja a visszatesztelést is. A visszatesztelés csapdája az, hogy egyesek túl messzire mennek vissza. Valójában ez az egyik fő oka annak, hogy sok algo meghibásodik, a mögötte álló személy vagy csapat túl sokáig tart, amíg piacra lép. A valóság az, hogy a piaci feltételek rendszeresen változnak. Például a visszateszt eredményeinek nagy része, ha forexre teszi, használhatatlanná válhat egy központi bank váratlan kamatváltozása miatt.

HASZNOS
BITCOIN-KRIPTO SZÓTÁR

Blokklánc (Blockchain): A Bitcoin tranzakciók nyilvános nyilvántartása/főkönyve időrendi sorrendben. A blokklánc az összes Bitcoin felhasználó között kerül felosztásra. A Bitcoin tranzakciók tartósságának ellenőrzésére és a kettős kiadások megakadályozására szolgál.

Blokk (Block): A blokkláncban lévő adat, amely várakozási tranzakciókat tartalmaz és megerősít. Nagyjából 10 percenként átlagosan egy új tranzakciót tartalmazó blokk jön létre a bányászat révén.

Genezis Blokk (Genesis Block): Ez a legelső blokk, amit létrehoztak, és a blokklánc kezdete.

Hashráta (Hash Rate): A Bitcoin hálózat feldolgozási teljesítményének mértékegysége. A Bitcoin hálózatnak biztonsági célból intenzív matematikai műveleteket kell végrehajtania. Amikor a hálózat eléri a 10 Th/s hash arányt, ez azt jelenti, hogy másodpercenként 10 billió számítást tud végrehajtani.

Bányászat (Mining): A számítógépes hardver matematikai számításokat végez a Bitcoin hálózat számára a tranzakciók megerősítése és a biztonság növelése érdekében. Szolgáltatásaik jutalmául a Bitcoin bányászok tranzakciós díjakat gyűjthetnek az általuk megerősített tranzakciókért, az újonnan létrehozott bitcoinokkal együtt. A bányászat specializált és versenyképes, a jutalmakat aszerint osztják fel, hogy mennyi számítást végeznek.

Megerősítés (Confirmation): A megerősítés azt jelenti, hogy egy tranzakciót a hálózat feldolgozott, és valószínűleg nem fordítható vissza. A tranzakciók megerősítést kapnak, ha egy blokkba kerülnek. Akár egyetlen visszaigazolás is biztonságosnak tekinthető az alacsony értékű tranzakciók esetén, bár nagyobb összegek, például 1.000 USA dollár esetében érdemes több megerősítésre várni.

Dupla Költés (Double Spend): Ha egy rosszhiszemű felhasználó egyszerre két különböző címzettnek próbálja keladni a bitcoinjait, ez dupla költés. A Bitcoin-bányászat és a blokklánc konszenzust teremt a hálózaton arról, hogy a két tranzakció közül melyik kerül megerősítésre és melyik lesz érvényes.

Air Drop: Az Airdrop az a folyamat, ahol egy kriptovaluta-vállalkozás ingyenesen osztja ki a kriptovaluta tokeneket egyes felhasználók pénztárcájába. Az Airdropokat általában blockchain startupok hajtják végre, hogy elindítsák a projekjeiket.

Privát kulcs (Private Key): Ez egy titkos adat, amely azt igazolja, hogy egy adott pénztárcából bitcoinokat költhet kripto aláírással. A privát kulcso(ka)t a számítógépe tárolja, ha szoftveres pénztárcát használ; webes pénztárca használata esetén néhány távoli szerveren tárolják őket. A privát kulcsokat soha nem szabad felfedni, mivel ezek lehetővé teszik, hogy bitcoinokat költsön a megfelelő Bitcoin pénztárcáról.

Aláírás: A kripto aláírás egy matematikai mechanizmus, amely lehetővé teszi, hogy valaki igazolja a tulajdonjogát. Bitcoin esetében a Bitcoin pénztárcát és a privát kulcso(ka)t matematikai varázslat köti össze. Amikor a Bitcoin szoftvere a megfelelő privát kulccsal aláírja a tranzakciót, az egész hálózat láthatja, hogy az aláírásprvát kulcsot ahhoz, hogy ellopja a bitcoinjait.

Pénztárca (Wallet): A Bitcoin pénztárca lazán megegyezik a Bitcoin hálózat fizikai pénztárcájával. A pénztárca valójában a privát kulcso(ka)t tartalmazza, amelyek lehetővé teszik, hogy a blokkláncban elköltse a hozzá rendelt bitcoinokat. Minden Bitcoin pénztárca megmutatja az összes általa ellenőrzött bitcoin teljes egyenlegét, és lehetővé teszi, hogy egy adott személynek fizessen.

Hideg Tárolás (Cold Storage): Ezen folyamat alatt a bitcoinokat offline pénztárcába helyezi át. Ennek az az előnye, hogy senki nem tudja feltörni a szémítógépet, és ellopni a privát kulcsokat, ha a számítógép nincs csatlakoztatva a hálózatra. Ahoz, hogy a bitcoinokat újra fel tudja használni, vissza kell hozni a hideg tárolásból.

Megváltoztathatóság (Fungibility): Olyan áru vagy áru tulajdona, amelynek egyes egységei felcserélhetők. Például, mivel egy kiló tiszta arany egyenértékű bármely más kiló tiszta arannyal, akár érme formájában, akár más állapotban, az arany helyettesíthető. Egyéb helyettesíthető áruk közé tartozik a kőolaj, a részvények, a kötvények és a valuták. A gyémánt nem az, mert mindegyik egyedi.

Cím: A Bitcoin-cím egyedi, 27–34 alfanumerikus karakterből álló karakterlánc. A cím szabadon létrehozható egy pénztárca használatával, és mindig 1-gyel vagy 3-mal kezdődik.

Alternatív Pénznemek: Sokféle alternatív pénznem létezik, amely a Bitcoin ötletén/vagy alapkódján alapul. Néhány figyelemre méltó a Litecoin, IOTA és a Ripple.

Fork: A „villa" a digitális pénznem szoftverének megváltoztatása, amely létrehozza a blokklánc két külön verzióját, megosztott előzményekkel. A villák lehetnek ideiglenesek, vagy véglegesen kettéválhatnak a hálózatban, létrehozva a blokklánc két külön verzióját. Amikor ez megtörténik, két különböző digitális valuta jön létre.

DDOS: A „Elosztott Szolgáltatás Megtagadás" rövidítés. A jól időzített DDoS támadás pusztító lehet a tőzsdéken az ingatag mozgások során, mivel a kereskedők nem tudnak manuálisan végrehajtani egyetlen megrendelést sem, és előre beállított megbízásaik kegyében állnak.

ERC20: Az okos szerződésekhez használt technikai szabvány az Ethereum blokkláncon a tokenek megvalósítására. Az ERC az Ethereum Request for Comment rövidítése, a 20 pedig az ehhez a kéréshez rendelt szám.

Az ERC20 meghatározza az Ethereum tokenek által követendő szabályok közös listáját a nagyobb Ethereum ökoszisztémán belül, lehetővé téve a fejlesztők számára, hogy pontosan előre jelezzék a tokenek közötti interakciót.

A SZERZŐRŐL

Wayne Walker a GCMS alapítója, amely egy vezető tőkepiaci és tanácsadó cég (gcmsonline.info). Több éves tapasztalattal rendelkezik befektetési tanácsadói csapatok vezetésében és coachingban, valamint a Bench Mark Earnings (BME) alapján a Private Client Group legjobban teljesítő csapatait irányította.